Una biblioteca para Juana

EL MUNDO DE SOR JUANA INÉS

POR **Pat Mora** ILUSTRADO POR **Beatriz Vidal**

TRADUCIDO POR **Claudia M. Lee**

Alfred A. Knopf

NEW YORK

Agradecimientos

Quiero expresar mi gratitud a los Sor Juanistas, estudiosos
de la vida de Sor Juana y, en particular, a Margaret Sayers Peden.

THIS IS A BORZOI BOOK PUBLISHED BY ALFRED A. KNOPF

Text copyright © 2002 by Pat Mora
Illustrations copyright © 2002 by Beatriz Vidal
Translation copyright © 2002 by Random House, Inc.

www.randomhouse.com/kids
Library of Congress Cataloging-in-Publication Data
Mora, Pat.
Una biblioteca para Juana : el mundo de Sor Juana Inés / por Pat Mora; ilustrado por Beatriz Vidal ; traducido por Claudia M. Lee.
p. cm.
ISBN 0-375-80643-1 (trade)
ISBN 0-375-90643-6 (lib. bdg.)
ISBN 0-385-90863-6 (Span. lib. bdg.)
ISBN 0-440-41765-1 (Span. pbk.)

1. Juana Inés de la Cruz, Sister, 1651–1695—Childhood and youth—Juvenile literature. 2. Women authors,
Mexican—17th century—Biography—Juvenile literature. 3. Authors, Mexican—17th century—Biography—Juvenile literature.
4. Nuns—Mexico—Biography—Juvenile literature. 5. Authors, Mexican. 6. Nuns. 7. Women—Biography. [1. Juana Inés de la Cruz, Sister,
1651–1695—Childhood and youth.] I. Vidal, Beatriz. II. Lee, Claudia M., 1959– III. Title.

PQ7296.J6 Z699318 2002
861'.3—dc21
2002009008

Printed in the United States of America
November 2002
10 9 8 7 6 5 4 3 2 1

*P*ara mis hijos Bill, Libby y Cissy,
que aman los libros.

—P.M.

*P*ara mis padres,
que me dieron alas y rosas y miel.

—B.V.

—¡Juana Inés! —llamó su madre—. ¿Qué haces? Juana cerró el libro grande. Su abuelo Pedro siempre estaba leyendo. Aquí en su casa de Nueva España, cerca de la ciudad de México, había montones de libros por todas partes y a Juana le gustaba hacerse un nidito con todos los libros a su alrededor. Los abría y comenzaba a pasar página a página buscando los dibujos. Era demasiado pequeña para leer todavía, pero se inventaba lo que decían las palabras.

Juana nació hace muchos años, en 1648. Su pregunta favorita desde que tenía tres años era, «¿Por qué?»

«¿Por qué fuman los volcanes?» preguntaba Juana mientras jugaba afuera y miraba las dos montañas que soplaban humo blanco.

«Mamá, ¿por qué son verdes las hojas?» preguntaba cuando recogía flores silvestres cerca del río. Pero las que más le gustaban eran las rosas suaves y espinosas que crecían junto a su casa. Con la punta de los dedos, acariciaba sus pétalos enroscados y tocaba las espinas. Olía su aroma dulce y rojo y hasta les cantaba versos, «Rosa hermosa, rosa hermosa».

Juana jugaba con los sonidos y cuando saltaba alegremente por el camino iba diciendo, «Luna, cuna. Bella, estrella».

Una mañana su hermana mayor le dijo: —Juana Inés, hoy no puedo jugar contigo.

—¿Por qué? —le preguntó Juana.

—Porque voy a aprender a leer en la casa de nuestros vecinos —le dijo su hermana—. Voy a leer libros como mi abuelo Pedro.

—¡Yo también! ¡Quiero ir contigo! —dijo Juana Inés—. ¡Mamá, quiero aprender a leer!

—Todavía eres muy pequeña, Juana Inés —le dijo su madre.

Cada mañana, Juana y su madre despedían a su hermana que salía para la escuela. Una mañana, cuando su madre estaba ocupada, Juana siguió a su hermana escondiéndose por entre los árboles y los arbustos. Apenas las niñas grandes entraron, Juana se paró de puntillas a mirar a través de la ventana, y vio cómo leían y escribían.

Al día siguiente, Juana siguió de nuevo a su hermana, pero esta vez no se escondió. Ella se dirigió a la maestra y le dijo: —Señora, quiero leer. ¿Me podría enseñar, por favor?

Las niñas se rieron al ver que era tan pequeña, pero la maestra la miró detenidamente y finalmente le dijo: —Juana Inés, puedes venir a la escuela, pero deberás estudiar y portarte bien.

—Me quedaré tan silenciosa como una tortuga —dijo Juana.

—Primero aprenderás las letras: A, B, C, D... —dijo la maestra.

—¿Por qué? —preguntó Juana.

—Porque formamos las palabras con letras. Mira, r-o-s-a. —Cuando Juana Inés miró las letras de r-o-s-a, vio pétalos suaves y rojos.

En casa, escribía las letras una y otra vez. Pronto comenzó a leer y también a escribir sus versos.

—¿Mamá, quieres que te escriba una canción para tu cumpleaños? Diré que brillas como una estrella bella o quizá que ríes como una rosa hermosa. Así:

Mi mamá es una estrella bella.

Mi mamá es una rosa hermosa.

A Juana le encantaba saborear el queso y las tortillas lentamente.

—No comas queso, Juana Inés. Los que comen queso no son muy inteligentes. El queso forma nudos en el cerebro —le dijo una amiga en la escuela.

Ese mismo día le dijo a su mamá y a su abuelo: —No volveré a comer queso, le hace daño a mi cerebro.

Abuelo se rió a carcajadas: —¿Y quién te dijo eso? —le preguntó.

—Mi amiga —dijo Juana—. Mamá, no volveré a comer queso porque quiero ir a estudiar a la ciudad de México.

—¡La ciudad de México! —exclamó su madre.

—Mi maestra me contó que allí hay una universidad muy grande que tiene una biblioteca con miles de libros. ¡Imagínate!

—Juana Inés, sólo los hombres pueden ir a la universidad —le dijo su madre.

A la noche siguiente Juana entró al comedor vestida de niño.

—¡Juana Inés! —se sorprendió su madre—. ¿Qué haces?

—Estoy practicando para poder ir a la universidad en la ciudad de México cuando sea grande. Quiero ir a la biblioteca. Quiero estudiar música, y aprender acerca de las plantas y las estrellas. Quiero escribir poesías. Sabes muy bien, mamá, que las niñas somos tan inteligentes como los niños.

—Eres tan terca como una espina del rosal, Juana Inés. Te digo por última vez que sólo los hombres pueden ir a la universidad —le dijo su madre con firmeza—. Eres una niña muy afortunada que ya sabe leer y escribir. Las niñas deben ayudar con los quehaceres de la casa.

—Pero mamá, las niñas podemos hacer otras cosas fuera de coser e hilar —le dijo Juana—. Podemos estudiar y demostrar lo que sabemos.

Cuando Juana tenía unos ocho años, un día entró a casa gritando: —¡Mira, mamá, mira! ¡Escribí el mejor poema para el concurso de la iglesia! Gané el premio: un libro. Ya puedo comenzar mi propia biblioteca.

Los libros eran los maestros de Juana. Mes tras mes, estudiaba los libros de su abuelo, y le decía a su madre una y otra vez, —Por favor, mamá, déjame ir a estudiar a la ciudad de México. Finalmente, cuando Juana tenía cerca de diez años, su madre la mandó a vivir a la casa de sus tíos en la ciudad de México.

¡La llegada a la ciudad de México fue maravillosa! Juana miraba a toda la gente, escuchaba idiomas diferentes y sonreía cuando se paseaba cerca del palacio y de la universidad. Escribía poemas sobre todo lo que veía. —Tía María, —decía—. Tanto que ver. ¿Qué voy a ser?

Como las niñas no podían ir a la universidad, sus tíos contrataron a un tutor para que le enseñara en casa. —Señor, he escuchado latín en la iglesia. ¿Me podría enseñar latín? —le pidió. Muy pronto quería aprender otros idiomas. Se preocupaba más por sus libros que por su aspecto. Dándose golpecitos en la cabeza decía, «¿Para qué decorar mi cabeza por fuera si por dentro está vacía?».

Todo le producía curiosidad. Su cabeza hervía con preguntas. «¿Cómo hacen para edificar iglesias tan grandes? ¿Qué idiomas hablan esas gentes?». Cuando vio monjas de hábitos largos, preguntó:

—Tía María, ¿qué hacen las monjas? ¿Pueden estudiar y leer todo el día en los conventos?

Mientras Juana y su tía se paseaban por las afueras del palacio, Juana le preguntó «¿Quiénes viven en el palacio? ¿Qué hacen allí?».

—Hay jardines —dijo su tía—, y una biblioteca. El virrey y su esposa viven allí; ellos reciben invitados y le envían cartas al rey de España. También invitan a poetas y presentan obras de teatro y conciertos maravillosos.

—¡Quisiera vivir ahí! —dijo Juana—. Podría escribir poesías y canciones. Un canto les canto. Voy a estudiar mucho —dijo Juana Inés—, para mejorar los poemas que escribo para los cumpleaños y las fiestas, así como los que escribo para mi familia, y luego, tía, podré leer en la gran biblioteca.

Juana estudió mucho y cuando tenía quince años, sus tíos la llevaron al palacio. —Así que eres la jovencita que lee muchos libros y escribe poesías maravillosas —dijo la esposa del virrey—. Eres tan hermosa como un capullo de rosa, Juana Inés. ¿Te gustaría vivir aquí en palacio como dama personal? Juana se sonrojó al ver que todos la miraban.

La mañana en la que finalmente entró a la biblioteca del palacio, estaba de nuevo tan silenciosa como una tortuga. Por fin. ¡Tantos libros! Un cuarto enorme lleno de tesoros. Ahora podría venir cada día y acariciar los libros mientras leía los títulos despacio. Leyó libros acerca de los calendarios y las estrellas, y acerca de las mujeres en la Biblia y en las historias griegas y romanas.

Juana escribió obras de teatro y canciones. Pronto, mucha gente del palacio se enteró de que le gustaban los juegos de palabras y le pedían que escribiera poemas y adivinanzas. Un dia, observó con detenimiento una rosa y dijo: «Miren, las espinas son sus espinosos guardias reales.» Pero su curiosidad no paraba allí. «Me pregunto ¿por qué una rosa vive más tiempo cuando se corta del rosal?» Ella reía y bromeaba, «Si los hombres cocinaran, mucho mas escribirian.»

Óyeme con los ojos,
ya que están tan distantes los oídos,
y de ausentes enojos
en ecos, de mi pluma mis gemidos;
y ya que a ti no llega mi voz ruda,
óyeme sordo, pues me quejo muda.

Un día el virrey le dijo: —Juana Inés, les he contado a los eruditos que eres muy inteligente, pero ellos no me creen. Quiero que lo demuestres. Para ello he invitado a cuarenta eruditos que vendrán a hacerte preguntas. Estarán presentes algunos miembros de la corte.

—Así sea, Señor, —dijo Juana—. Mi cabeza siempre ha estado llena de preguntas, y por eso aprendí a leer cuando tenía tres años, para poder encontrar las respuestas.

—¿Tres? —dijo la esposa del virrey.

—Sí, —rió Juana—. Seguí a mi hermana mayor a la escuela.

Juana se preguntaba cuáles serían las preguntas de los eruditos. Sentía la cabeza llena de idiomas, nombres, números, poesía y música.

Los eruditos llegaron arrastrando sus largas capas negras.
Sus rostros eran muy serios y comenzaron a preguntarle cosas
difíciles acerca de triángulos, pinturas, hombres famosos y hasta
del movimiento del sol.

Juana contestó cada pregunta. Después del interrogatorio, los eruditos asintieron. Juana Inés se sonrió y les dijo: —Como ven, las jóvenes podemos hacer otras cosas que coser e hilar. Podemos estudiar y demostrar lo que sabemos. La esposa del virrey la abrazó y le regaló una hermosa rosa roja.

Aunque a Juana le gustaba vivir en el palacio y disfrutaba de todos sus amigos, quería seguir aprendiendo y necesitaba un lugar más tranquilo para pensar y usar su pluma. Se hizo monja y se cambió el nombre por el de Sor Juana Inés de la Cruz. Le gustaba la tranquilidad del convento y allí siguió añadiendo libros a su biblioteca hasta que la convirtió en una de las más grandes bibliotecas de las Américas. Vestida de hábito largo, oraba y estudiaba y escribía cartas, cantos religiosos, obras de teatro y poesías. Cuando sus amigos la visitaban, ella reía recitándoles adivinanzas.

—Mira, Sor Juana Inés, —le dijeron un día sus amigos—, aquí tienes un libro escrito por una de las mejores poetas de las Américas. —Sor Juana abrió el paquete despacio y cuando vio su nombre en la cubierta, lo abrazó con las dos manos. Esa noche añadió su libro de poemas a su amada biblioteca.

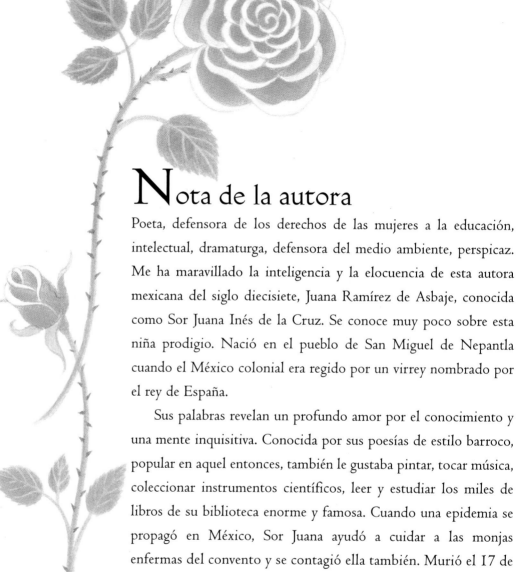

Nota de la autora

Poeta, defensora de los derechos de las mujeres a la educación, intelectual, dramaturga, defensora del medio ambiente, perspicaz. Me ha maravillado la inteligencia y la elocuencia de esta autora mexicana del siglo diecisiete, Juana Ramírez de Asbaje, conocida como Sor Juana Inés de la Cruz. Se conoce muy poco sobre esta niña prodigio. Nació en el pueblo de San Miguel de Nepantla cuando el México colonial era regido por un virrey nombrado por el rey de España.

Sus palabras revelan un profundo amor por el conocimiento y una mente inquisitiva. Conocida por sus poesías de estilo barroco, popular en aquel entonces, también le gustaba pintar, tocar música, coleccionar instrumentos científicos, leer y estudiar los miles de libros de su biblioteca enorme y famosa. Cuando una epidemia se propagó en México, Sor Juana ayudó a cuidar a las monjas enfermas del convento y se contagió ella también. Murió el 17 de abril de 1695.

La imagen de la orgullosa musa mexicana y fénix de México está acuñada en las monedas de México, y niños y adultos de todo el mundo de habla hispana memorizan y recitan sus palabras. Sor Juana fue la primera gran poeta de América Latina.